AF210120

Gedichte zur inneren Transformation

Matthias der Frohpoet

Gedichte zur inneren Transformation

Lyrik

Impressum

Bibliografische Information der Deutschen Nationalbibliothek:
Die Deutsche Nationalbibliothek verzeichnet diese Publikation in
der Deutschen Nationalbibliografie; detaillierte bibliografische
Daten sind im Internet über http://dnb.d-nb.de abrufbar.

Vorwort: **Dr. Ilse-Maria Fahrnow**

Weitere Mitwirkende: **Monika Köhler** und **Christiane Deck**

Coverfoto: **Matthias der Frohpoet**

Herstellung und Verlag: BoD – Books on Demand, Norderstedt

ISBN: 978-3-7568-8326-4

Inhalt

Damit es Frieden in der Welt gibt,
müssen die Völker in Frieden leben.

Damit es Frieden zwischen den Völkern gibt,
dürfen sich die Städte nicht gegeneinander
erheben.

Damit es Frieden in den Städten gibt,
müssen sich die Nachbarn verstehen.

Damit es Frieden zwischen den Nachbarn gibt,
muss im eigenen Haus Frieden herrschen.

Damit im Haus Frieden herrscht,
muss man ihn im eigenen Herzen finden.

Lao Tse

Poesie bezaubert – Humor heilt

Matthias Köhler ist einer, der auszog, sein Glück zu verwirklichen, und zu seiner Reise dorthin lädt er uns alle ein. In gesegneter Präsenz und mit einer hochsensiblen, differenzierten Wahrnehmung erfasst Matthias das Leben in seinen unzähligen Facetten, und immer bleibt er dabei fokussiert in der Wärme seines Herzens. So lässt er uns teilhaben an den Merkwürdigkeiten und Wundern des Lebens; in einer riesigen Spannbreite zwischen Geist und Materie. Schließlich erkennen wir Himmel und Erde als EINS, und kehren berührt und verwundert in unser eigenes SEIN zurück.

Die Gedichte des Frohpoeten machen fröhlich – und damit realisiert Matthias Köhler heilsame Momente der aktuellen Kunstszene. Oft wird Kunst als ein Ausagieren eigenen Leides verstanden, und wer die Welt aus diesem Blickwinkel heraus mit sich beschenkt, verdient jede Achtung. Matthias' Gedichte gehen jedoch weiter. Sie verdichten, was wir für unsere innere Heilung so dringend brauchen: das Versprechen auf einen sonnigen Ort in jedem Menschen. Hinweise dafür, wie wir ihn erreichen. Und das Geschenk der Zuversicht, das uns alle einlädt, unser Glück zu manifestieren!

Stille und Zuversicht kehren ein, wenn man diese Gedichte liest. Obwohl sie zutiefst weise Lehren enthalten, fühlt man sich als Mensch verstanden und geachtet — niemals belehrt. Das verweist auf einen Autor von großer Herzensgüte, der Liebe und Mitgefühl über andere Anliegen stellt. Einen Menschen, der sich selbst erforscht, um andere damit zu beschenken. Einen Weisen, dessen Grundideen bis in die Philosophie des alten Griechenland reichen — Oben so wie unten; im Kleinen, wie im Großen. Beim Genießen dieser Gedichte wandern wir vom scheinbar Kleinen, Alltäglichen, bis ins große Universum aller Möglichkeiten; und entdecken oder erahnen schließlich eines der größten Wunder: ein ganzer Kosmos findet Platz in jedem Wassertropfen, in jeder Erscheinung, in jedem Menschen.

Ganz behutsam führen uns die fröhlichen Betrachtungen dieser Gedichte in unser komplexes SEIN — in unsere wahre, unaussprechliche Größe. So lassen sie sich wie eine exquisite kleine Mahlzeit genießen – als Kraftriegel der besonderen Art. Wer sein Inneres erweitern will, findet hier spirituelle Lehren von reichem Gehalt. Doch auch sie werden sanft und respektvoll angeboten; niemals dogmatisch aufgedrängt. *Koste von dieser Speise, lieber Mensch, und entscheide selbst, was Du davon brauchst* könnte ihr verborgener Untertitel lauten. Und erstaunt stellen wir fest, dass manchmal schon ein kleiner Bissen ausreicht, um uns zu sättigen und zu erfüllen.

Matthias Köhler kennt die Schöpfungsliebe; seine Gedichte lassen keinen Zweifel daran. Beim Lesen entsteht Resonanz in uns; denn wir alle entstammen ihr. So erreichen uns Matthias' Gedanken einfach und präzise. Sie verweisen auf etwas, das wir kennen – und dadurch erkennen wir uns selbst. Dieser Prozess führt uns in eine tiefere Ebene der Kunst; in die Räume der Weisheit, die jedem Menschen eigen sind. Reich beschenkt und fröhlich lächelnd betrachten wir unsere eigene Entdeckungsreise mit neuer Frische; versöhnt mit Allem, was ist.

Seit geraumer Zeit beschenkt uns Matthias Köhler mit der Teilnahme an unserem Projekt Heilungstempel; eine im Zuge des Lockdowns entstandene Online-Arbeit, in der wir uns dem Thema Heilung ganz praktisch widmen – mit Körper, Psyche und Geist. Interessierte können sich für eine kostenfreie Probesession bei uns melden (mailto: dr.fahrnow@spirit-med.de). Manch ein Gedicht dieses Bandes zeigt Spuren unserer gemeinsamen Arbeit; ein weiterer Hinweis darauf, wie ernsthaft Matthias jedes Erleben verinnerlicht, verdaut und in seinen fröhlichen Gedichten erfasst. Als einer der Erfahrenen in unserer Runde bietet sich Matthias als Mentor für Neueinsteigende an – eine fröhliche und wertvolle Chance, den Frohpoeten auch persönlich kennenzulernen.

Wenn ich den Gedichten mit meinem musikalischen Ohr lausche, tauchen Werke verschiedener Dichter der Geschichte in mir auf. Reim und Metrum erinnern an manch einen Vorgänger unseres Frohpoeten. Als ich seine Arbeiten zum ersten Mal kennenlernte, fragte ich Matthias, welches denn sein Lieblingsdichter sei. Natürlich mag er verschiedene – unter Kollegen ist das so. Einen Namen nannte er mir jedoch – und ich erlaube mir, ihn hier weiterzugeben: Wilhelm Busch. Gibt es überhaupt Kinder und damit später auch Erwachsene , die noch nie von Buschs Werken gehört haben? Weltweit sind die fröhlichen, und manchmal auch bitterernsten Inhalte seiner Arbeit verbreitet. So wie Wilhelm Busch lädt uns auch Matthias Köhler zum tiefen, ernsthaften Austausch mit uns selbst ein. Mögen seine Werke ähnliche

Verbreitung finden! Mögen sein sanfter Humor und seine liebevollen Hinweise Wurzeln schlagen in unserem Herzen – auf dass auch wir einen poetisch humorvollen Blick auf diese oft so zerrissene Welt entfalten. Ich wünsche Matthias Köhler und seinen Büchern die Bekanntheit, die sie verdienen – zur Freude und zum Nutzen für uns alle.

Dr. Ilse-Maria Fahrnow
August 2023, Süddeutschland

Dankesworte

Zu diesem kleinen Büchlein
ein Dankeswort gebührt
dem Quell, der voller Sanftmut
durch mich die Feder führt.

Ilse-Maria Fahrnow,
Frau Köhler und Frau Deck
für Vorwort und Beratung,
plus Korrektur und Check.

Im Großen wie im Kleinen
dem Leben, der Natur.
Sie schenken Grund zu Freude
und Reim rund um die Uhr.

Den abundanten Helfern,
direkt und indirekt -
ihr Schaffen, Tun und Wirken
in allen Zeilen steckt.

Dem weisen Universum
und jedem Schöpfungskind,
die wir eine Familie,
ein Großes Ganzes sind.

DIE GEDICHTE

= Sonnenaufgang =

Freudvoll laufe ich des Morgens
an den schönen Wellenstrand,
lausch nach innen, fühl das Stimmlein
und betrete froh den Sand.

Wie durch Zufall steigt die Sonne
feurig überm Wasser auf
und ich kletter wohlgelaunt die
Emotionsskala hinauf.

= Mandelmilchkaffee =

Duftend steht das warme Tässlein
mit dem Heißkaffeegetränk
vor mir, mit dem ich mich heute
nach dem Frühstücksmahl beschenk.

Ganz behutsam stupst der Löffel
seinen Boden auf den Schaum
und verströmt Aromagrüße
von Kaffee- und Mandelbaum.

= Die Weisheit des Meeres =

Vielleicht denkst du, dass dies Wasser
doch bloß einfach Wasser ist,
und bei tief'rem Fühlen merkst du,
dass du hier etwas vergisst.

Vielleicht trägt ein jeder Tropfen
von dem salz'gen Wellenmeer
stets des Universums Weisheit
holographisch hin und her.

= Die Weisheit des Sandes =

Vielleicht gehen deine Füße
gerne auf dem warmen Sand
und erkunden froh das Wasser
auf dem weiten Küstenland.

Vielleicht trägt ein jedes Sandkorn
tiefe Weisheit in sich drin,
auch wenn eines solchen Wunders
manchmal nicht gewahr ich bin.

= Die Weisheit deiner Zellen =

Könnt in Sand und Meerestropfen
GOTTES große Weisheit sein?
Was fiel dir dann zu dir selbst und
deinen Körperzellen ein?

Ist die ganze Menschfamilie
eines Großen Schöpfers KIND,
deren Blüte nur durch Zutun
eines jeden SELBST beginnt?

= Wenn du mir nicht zuschaust =

Hey, ich bin das Reich der Quanten,
und ich bin genau wie du.
Gerne werd ich's dir erklären,
und vielleicht stimmst du mir zu :).

Wenn du einmal einen Chef hast,
welcher ein Kontrollfreak ist,
schaut er dir stets auf die Hände,
was dich stört. Dann baust du Mist.

Nun denk an das Universum,
das dich stets beschenken will.
Rege geht sein großes Uhrwerk,
meistens unbemerkt und still :).

Bist du aber ein Controller,
gleich, ob Frau, Kind oder Mann,
streust du Sand in mein Getriebe.
Dann kommt nur die Hälfte an.

So schaffst du dir die „Beweise",
dass das Lebensspiel nicht klappt,
doch hast du, als ein Kontrollmensch,
einfach kein Vertraun gehabt.

Glaubste nich? Na, dann schau selbst mal,
wie das Leben funktioniert.
Hab Vertraun und später prüfe,
und dann sei gern fasziniert :).

=Die Freude =

Wenn Angst sich langsam auflöst
und wenn die Furcht verraucht,
ist's etwas schönes Neues,
das es fürs Leben braucht.

Bin ich bereit, zu lösen
die alte Addiktion,
kommt nach der Zeit der Leere
oft gern die Freude schon.

= Seit du weißt =

Seit du weißt, wie du dich selbst von
Angst und Not und Schuld befreist,
spürst du große Freude in dir
und bemerkst, wie du gedeihst.

Da sind Werkzeuge und Helfer,
und du stärkst das Große WIR,
weißt dich Teil einer Familie
und lebst ganz im Jetzt und Hier.

Seit du weißt, wie du dich selbst von
Angst und Not und Schuld befreist,
spürst du große Freude in dir
und bemerkst, wie du gedeihst.

= Wo gibt's jetzt 'ne schmalere Hose? =

Ein paar Wochen lang schon hatt' ich
klein're Mahlzeiten probiert
und das Wort der Inn'ren Stimme
als verbindlich akzeptiert.

Da mein Essgefühl sich wandelt,
führ ich wen'ger Nahrung zu
und hab vor den Zipperlein und
vor dem Bauchfett meine Ruh.

Bessere Gefühle hab ich
samt Verjüngung, und zum Schluss
ist es eine schmal're Hose,
die ich jetzt mal kaufen muss.

= Wohlverstand =

Wird's im Innenweltlein friedvoll,
sind nun weit mehr Kraft und Zeit,
weil ich mich zuvor erfolgreich
hab von Krams und Mist befreit.

Fleißig habe ich entrümpelt.
Weiteres verlässt das Haus,
auch den Kopf und's Energiefeld,
und nun sieht's viel besser aus.

Das bedeutet: Nutzen darf ich
all den Raum mit Wohlverstand
und hab dabei stets mein Herz und
die Intuition zur Hand.

= Nach dem Segnen und der Nacht =

Einst war da so ein Problemlein,
und das Innenweltlein schrie:
„Jetzt, sofort, du brauchst die Lösung!
Mach geschwind, sonst flüchtet sie!"

Dennoch sprach die Inn're Führung,
dass ich lieber wohlbedacht
tat das Schrittlein, das zu tun war,
nach dem Segnen und der Nacht.

= Sonnenstrahlen =

Wenn dem Stimmlein ich vertraue,
das zu mir voll Weisheit spricht,
kommt bei allem Grau und Dunkel
stets ein Sonnenstrahl in Sicht.

Ist dies Weglein leicht zu gehen?
Nun, das kommt ganz darauf an,
wie gut du bereits gereift bist
und dein Kopf schon trauen kann.

Vielleicht kennst du auch dies Stimmlein,
das voll Weisheit zu dir spricht.
Wenn, kommt vielleicht auch bei dir stets
solch ein Sonnenstrahl in Sicht.

= Wegsteine =

Langsam tut vor meinen Augen
sich der nächste Wegstein auf.
Hier ein Hinweis, dort ein Zeichen,
und er hält. Froh steh ich drauf.

Hiernach nehm ich mir ein Päuschen,
und nach etwas Einkehrzeit
sind der Weg und auch ich selber
für den nächsten Schritt bereit.

= Dein Weg =

Manches Mal erweist das Leben
dir den besten Liebesdienst,
auch wenn du gar nicht „amused" bist
und mehr grummelst als du grienst.

Irgendwann, sei's Jahre später,
stellst du dann erleichtert fest,
dass dein Weg dank solcher Prüfung
sich heut bestens gehen lässt.

= An den Sonnenküsten =

Seit du selbst in schweren Zeiten
auf den Leitstern bist bedacht,
siehst du auch bei grauen Nebeln
stets den Lichtschein statt der Nacht.

Du hast die Lektion verstanden,
und so legt dein Lebenskahn
auch bei nassen Regenschauern
an den Sonnenküsten an.

= Trittsteine =

Freudvoll lauschst du deinem Herzen
mit dem Kompass in der Hand.
So folgt jedem Tal der Schatten
stets ein schön'res Sonnenland.

Seit du alle Hindernisse
auch als Trittsteine begreifst,
sind sie dir Gelegenheiten,
an denen du wächst und reifst.

= Dein Höheres Selbst =

Du hast einen Freund und Bruder,
einen, der stets bei dir ist.
Ihr seid eins, auch wenn du selber
ihn nicht siehst und oft vergisst.

Folgst du aber deinem Leitstern,
wirst du weise und gescheit,
da ihr zwei ein und derselbe
und dann erst im Einklang seid.

= Ewige Jugend =

Stellst du dir vor, wie dein Haupthaar
langsam wieder voller wird?
Deine Haut sich glättet und du
läufst von Düsseldorf nach Fürth?

Siehst du, wie das Jugendlächeln
in dein Antlitz kehrt zurück?
Praktizierst du Lebensfreude,
Optimismus, Mut und Glück?

Dann bist du schon auf dem Wege.
Halt nur deine Augen auf.
Find das Wissen, werde rege
und folg deiner Karte Lauf.

= Veränderung =

Manchmal, eh sich Neues zeiget,
gibt's Begegnung mit der Leere.
Dann grüßt dich das Vakuum und
schüchtern sagt Lebwohl die Schwere.

Klopft das Neue an die Türe,
bleibt es gerne eine Zeit.
Drauf grüßt's seinerseits die Leere
und macht sich zum Gehn bereit.

= Solche Tage =

Vielleicht kennst du jene Tage,
wo die Stimmung etwas kippt
und dein Mund vergeblich an dem
Gute-Laune-Becher nippt.

Vielleicht sind grad solche Tage
Chance und Gelegenheit,
dass du Zeit zum Fühlen findest
und dich übst in Dankbarkeit.

= Der Wind der Heilung =

Trägst du so viel Liebe in dir,
dass du dir vergeben kannst
und dich traust, dein Herz zu öffnen
für das, was du sonst verbannst?

Solltest du dies Schrittlein wagen,
sei bestärkt, den Weg zu gehn.
Erst wenn du Vergang'nes ziehn lässt,
kann der Wind der Heilung wehn.

= Fortschritt =

Wenn du etwas Altes aufgibst,
sei's Gewohnheit, Zwang, Gefühl,
wartet vielleicht längst das Neue,
das dich gern begrüßen will.

Vielleicht fühlst du schon die Zeichen
weit'rer Sphären dieser Welt,
und dank deines Mutes sich der
Fortschritt bald zu dir gesellt.

= Tschüss, Kopfstress =

Wenn du Kopfstress gehen lässt,
wirst du vielleicht merken:
Das Gedankenkarussell
möchte weiter werken.

Doch geht's nicht um den Termin
und um keine Frist.
Dieses Muster gibt erst Ruh,
wenn du hektisch bist.

Wagst du aber jenen Schritt,
zu dir selbst zu stehn,
wird das Musterchen gewiss
bald von dannen gehn.

= Dieses Schrittlein =

So du dieses Schrittlein tun magst,
lass die Analytik sein.
Vielleicht stellen sich im Kopf dann
schnell die ersten Ängste ein.

Mach getrost deine Erfahrung,
wie das Trau'n und Zweifeln ist
und was du an Resultaten
erntest: Freude oder Mist.

Bist du eines Tages weise,
wirst du froh das Weglein gehn,
freudig deinem Herzen trauen
und den Rest einfach verstehn.

= Dein Lebensbuch =

Wenn du mit dir selbst allein bist,
wirst du vielleicht Bilder sehn,
die seit frühsten Kindertagen
dir im Lebensbuche stehn.

Vielleicht sind da auch Gefühle:
unterdrückte Wut und Angst,
wegen der du aus Gewohnheit
gerne nach der Flasche langst.

Lausche mutig deinem Herzen,
das dich voller Weisheit führt,
wenn es bei dir Lernbereitschaft
und ein off'nes Ohr verspürt.

= Was sich gut anfühlt =

Nach und nach bemerkst du, wie
alles sich entstresst,
wenn du Destruktives jetzt
ganz entspannt entlässt.

Statt nur auf das Phone zu schaun,
bist du mehr bei dir.
Wen'ger E-Mails und PC,
mehr vom Jetzt und Hier.

Nach und nach bemerkst du, wie
alles sich entstresst,
seit du, was sich gut anfühlt,
in dein Leben lässt.

= In dein Sonnenland =

Wenn dein Kopf zur Ruhe kommt,
wirst du langsam sehn,
wie die Altgewohnheiten
aus dem Leben gehn.

Du hast einen Geist'gen Coach;
nutze seine Hand.
Er führt dich auf sanftem Pfad
in dein Sonnenland.

= Welches Denkprogramm =

Vielleicht spürst du manchmal den
Hang zur Rennerei,
doch wohin die Sprünge gehn,
ist ganz einerlei.

Schau mal, welches Denkprogramm
bei dir selbst du findest
und wie du's, wenn's nicht mehr nützt,
vielleicht überwindest.

= Es heilt das kleine Unwohlsein =

Und noch ein kleines Unwohlsein,
das steht vor meiner Tür.
Ich gehe in die Stille und
nehm mir jetzt Zeit dafür.

Es wünscht sich, dass ich rausgeh und
zu Menschen mich begeb,
es in Gesellschaft anschau und
die Heilung dort erleb.

Ich tu ihm den Gefallen gern,
lauf nicht mehr weg davor.
Dann dank ich ihm und segne es
und leihe ihm mein Ohr.

= 5D =

Wie ist es wohl im fünften D,
so ganz mit Herzverstand,
wo Lebenssinn und WIR-Gefühl
konform gehn, Hand in Hand?

Wo Menschen ihre Güter aus
dem Ätherreich beziehn –
dort, wo nicht mehr gelogen wird
und keiner rutscht auf Knien?

Dort, wo man Andre, statt in Angst
in die Ermächt'gung bringt,
wo man der inn'ren Führung lauscht
statt sich zu Boden ringt?

Wie ist es wohl im fünften D,
so ganz mit Herzverstand,
wo Lebenssinn und WIR-Gefühl
konform gehn, Hand in Hand?

= Neubeginn =

Manchmal, in der Geist'gen Welt,
ist Geburtstagsfest,
wenn ein Erdmensch diesen Teil
seines SEINS verlässt.

Vielleicht ging's nicht mehr voran
oder er stand still,
und die SEELE wählt sich dann
den Weg, den sie will.

Dann feiert man Wiederkehr
in der Geist'gen Welt,
wo man vor dem Neubeginn
plant und Rückschau hält.

= Wie gefestigt bist du? =

Stell dir vor, du würdest mit
einem Mal verlieren
Dinge, die von gleich auf jetzt
nicht mehr funktionieren.

Wenn ein Teil der Außenwelt
seinen Dienst versagt,
dann sind sicher Festigkeit
und Vertraun gefragt.

Nimmst du jeden Tag dir Zeit,
das Signal zu hörn,
statt dich mit Vergänglichkeit
und Rausch zu betörn?

= In die Stille gehen =

Kennst du das Gefühl, das dir
gern dein Weglein zeigt,
immer wenn dein Ohr sich ihm
in der Stille neigt?

Kennst du auch den Kraftverlust,
welcher dich ereilt,
wenn dein Tun und Handeln im
Ego noch verweilt?

Kannst du das Dilemma nun
und den Ausweg sehen?
Falls noch nicht, probier mal dies:
in die Stille gehen.

= Hundeleine =

Stell dir vor, wie einen Tag
du dein Haustier bist.
Wär der Tag so schön, dass du
diesen nie vergisst?

Wie gern würdest selber du
an der Leine gehn
und als Milchkuh, ohne Kalb,
in der Stallung stehn?

Vielleicht möchte sich die Welt
hin zur LIEBE wandeln,
drum sei weise und bedenk
all dein Tun und Handeln.

= Tierkommunikation =

Ganz zu Anfang konnte ich
selber es kaum glauben,
doch dann, beim Experiment,
durft' ich Augen schrauben.

In der Gruppe fragten wir
neugierig den Hund:
Sag doch mal, wie geht es dir?
Tu's uns bitte kund.

Danach spürt' ich einen Druck
um mein Handgelenk.
Hierzu nun die Worte der
Halterin bedenk.

„Nah der Pfote hat mein Hund
einen Knochenring."
Und dies war tatsächlich, wo
ich den „Druck" empfing.

= Gefühlchen =

Wie wäre ein Leben,
völlig sorgenfrei?
Nie wieder betrübt sein…
Wärst du mit dabei?

Kommt dir jetzt ein JA? Ein Nein?
Oder ein Vielleicht?
Wie heißt das Gefühlchen denn,
welches dich beschleicht?

= Halte ich das aus? =

Auf dem Königsblaupullover
sind zwei kleine Flecken drauf.
Das ist wohl Olivenöl.
Eigentlich fällt's wenig auf.

Doch macht mir der Kopf daraus
eine Riesensache.
Ob ich mich deswegen jetzt
auf den Heimweg mache?

Nein, beschließ ich wohlgelaunt
und bleib frohen Mutes.
Bald nimmt ab der Mond im Krebs,
und das hat sein Gutes.

= Energieeffizienz =

Manchmal seh ich Hindernisse,
und es schreit die Innenwelt,
doch kenn ich mein Innenweltlein,
wo's dann lautstark grade bellt.

Dann sagt eine weise Stimme,
dass ich lieber etwas wart
und dies freudvoll transformiere,
was mir hilft und Kräfte spart.

= Christuslicht =

„Wie lös ich denn diesen Knoten?",
frage ich das Christuslicht,
dass die Lösung sich ihr Weglein
in die Form der Jetztzeit bricht.

Ich durchquer mein Schattenweltlein,
halte am Ergebnis fest,
geh ins Trau'n und weiß: Das Christlicht
alle Wunden heilen lässt.

= Sich selbst beschenkt =

Gerne hätt ich dieses Outcome,
gerne hätt ich dies Gefühl,
doch die Lösung sich im Außen
manchmal gar nicht finden will.

Eher glaub ich, ist's dein Fokus,
der die Energien lenkt,
und die Innenwelt am Ende
mit dem Glück sich selbst beschenkt.

= Schöpferhand =

Freudvoll streck ich die Antenne
in das Zukunftsweltlein aus
und mal mit dem Farbenkasten
mir ein Schönszenario draus.

Stärkend geht mein Freier Wille
durch das weite Ätherland,
glücklich waltet und gestaltet,
was in meiner Schöpferhand.

= Wo die LIEBE weilt =

Spürst du inneres Getöse
und es nahn die Wolken schon,
sei Betrachter und dich löse
aus dem Spiel der Emotion.

Weise setze deinen Fokus
dorthin, wo die LIEBE weilt,
damit an dem Ziel der Reise
Positives dich ereilt.

= Sei gesegnet, Dramalein =

Sei gesegnet, Dramalein,
freudvoll sei gesegnet.
Du bist's, welches heute im
Fokus mir begegnet.

Kleines Elend, ebenfalls,
freudvoll sei gesegnet.
Du bist, was mir als Gefühl
jetzt nochmal begegnet.

Heute lös ich deinen Code
als gestand'ner Mann,
tief beglückt, dass ich dich nun
gehen lassen kann.

Sei gesegnet, Schmerzmoment,
freudvoll sei gesegnet.
Du bist's, welcher heute im
Fokus mir begegnet.

= Lernwege =

Manchmal will das Ego helfen.
Fremdes Leid sieht es nicht gern,
denn hier fühlt's die eig'nen Schmerzen
und bleibt doch der Lösung fern.

Dann gedenk ich des Impulsleins
aus der Unsichtbaren Welt:
Leb die Kosmischen Gesetze -
so wird Besserung bestellt.

= Warte, bis man dich fragt =

Manchmal, wenn ich helfen möchte,
stelle ich mir selbst die Frage:
Was will der Impuls mir sagen
und was fördert er zutage?

Dann kann's sein, dass ich den größten
Wohlgefallen mir werd tun,
wenn ich wart, gefragt zu werden
und das Wollen lasse ruhn.

= Lieber Roter Rüsselkäfer =

Sag mal, lieber Palmbaumkäfer,
welche kleinen Lernlektionen
sind's, die du uns bringen möchtest,
um die Bäume zu verschonen?

Welchen Wandel in den Herzen
braucht der Mensch in diesen Landen,
um den Baumbestand zu heilen
in den Parks und an den Stranden?

Sicher gibt es eine Sprache,
die der Rüsselkäfer spricht.
Wenn wir mit dem Herzen lauschen,
darf die Antwort bald ans Licht.

= Glückseligkeit =

Es gibt einen Ort der Stille,
dort, wo einfach Friede ist.
Wo die Fragen schweigen, weil du
jetzt eins mit der Antwort bist.

Lerne diesen Seelenfrieden,
dieses tiefe stille SEIN,
wo du jede Lösung findest
in Glückseligkeit allein.

= Was dir deine Lösung bringt =

Vielleicht ist's Glückseligkeit,
was dir deine Lösung bringt;
dieser freudenvolle Zustand,
auch wenn dein Verstand noch ringt.

Vielleicht brauchen deine Zellen
innres Licht und Hochfrequenzen,
damit ihnen Flügel wachsen
zum Verschieben alter Grenzen.

= Die nächste Antwort =

Setze weise deinen Fokus
auf das, was du gern erreichst.
Fühl dich dorthin, weil du so dein
Energieniveau angleichst.

Vielleicht wirst du fündig werden,
und ein jeder kleiner Schritt
bringt dich näher zu der Lösung
und die nächste Antwort mit.

= Nordstern =

Kennst auch du das, dass du manchmal
etwas tust, und dein Gefühl
seinen eignen kleinen Weg geht
und etwas ganz Andres will?

Könnte dies Gefühl dein Nordstern
sein und Kompass, der dich führt?
Dann wär es dies stille Rufen,
dem Aufmerksamkeit gebührt.

= Froh segne ich dich, Rüsselkäfer =

Froh segne ich dich, Rüsselkäfer,
und werd einmal sehen,
wie sich die Energie auswirkt
im weiteren Geschehen.

Ein Palmbaum zeigt ein neues Blatt
schon in der kleinen Krone,
und weitren Segenslichts ich froh
den tapfren Wuchs belohne.

= Procesionaria =

Süßes kleines Raupentierchen,
welchen Auftrag hast denn du?
Was sollen wir Menschen ändern,
dass die Pinien haben Ruh?

Lieber Freund, wie immer ist es
nur ein winzig kleiner Schritt:
Denket wieder mit dem Herzen;
fühlt mit allem Leben mit.

Solang ihr einander umbringt
und gewaltsam seid zum Tier,
scheitert euer Erdenfrieden
stetig neu im Jetzt und Hier.

So ihr aber euch erhebet
in die Fünfte Dimension,
braucht ihr keine kranken Bäume
und das Glück ist euer schon.

= Meisterschaft =

Wählst du den Weg der Meisterschaft
als Mensch auf dieser Erde,
schaust du mit Abstand auf die Welt
und auf das Tun der Herde.

Du sitzt in deinem Zimmerchen
oder in deiner Kammer,
betrachtest jedes innre Bild
und glättest allen Jammer.

Du gehst das Weglein jener, die
den Berg bereits bestiegen
und findest alle Schätze, die
in dir verborgen liegen.

= Alle Schätze dein =

Solang es noch gemütlich ist
mit Fußball und Premiere,
hast du dein Auto, Haus und Boot
und tust, als ob nichts wäre.

Du kniest noch vor dem Hörnermann,
der dir das alles kaufen kann,
hörst dir die News im Radio an
und gehst zum Doktor dann und wann.

Bis eines Tages du bemerkst,
wie's in dir ruft und dränget,
und die Konsumanbetung nur
dein Seelenglück beenget.

Dann steigst du aus dem Käfig aus
und wendest dich nach innen,
denn dort sind alle Schätze dein
und können nicht entrinnen.

= Einstein =

Und es sprach der Physiker,
dass es doch recht fraglich wär,
wünschte man bei gleichem Tun
neue Resultate her.

Drum sei weise, wenn du nach
einer andren Lösung schaust.
Weite deinen Horizont,
dass auf festen Grund du baust.

= Im Augenlicht des Sturms =

Zeigt sich innres Wellengehen,
aufgepeitscht durch starken Wind,
warte ich, bis alle Wogen
innerlich geglättet sind.

Der erfahrne Leuchtturmwärter
schätzt das Innere des Turms,
und ich hüte meinen Ashram
ganz im Augenlicht des Sturms.

= Du entscheidest =

Wenn du eine Lösung hättest,
auch wenn ganz absurd sie wär,
gäbst du für sie deinen Ruf und
deine Engstirnigkeit her?

Weißt du von den Glaubenssätzen,
die man in dich hat gepflanzt,
als du Kind warst und wohinter
du als Großer dich verschanzt?

Wann erkennst du, dass die QUELLE
stets mir dir verbunden ist,
und wenn du sie wirken lässt, bald
aller Schmerz vergessen ist?

= Wusstest du . . . ? =

Wusstest du, dass 25
Tausend Menschen täglich gehn,
weil sie schlichten Hungers sterben?
Was hat man hier übersehn?

Wusstest du, dass Fortbewegung
völlig rückstandslos sein kann,
Wissen aber kontrolliert wird,
dass kaum jemand glaubt daran?

Wusstest du, dass Industrie und
Politik verwoben sind
und trotz Religion und Presse
Freiheit in dir selbst beginnt?

= Denn die LIEBE wartet schon =

Für wen könnte es sich „lohnen",
wenn er Andre leiden lässt,
wenn er Kostbarkeiten hortet
und dich abspeist mit dem Rest?

Kennst du dieses Energiechen,
dass die Andern „böse" sind
und dass nur durch deine Adern
Edelmut und Wahrheit rinnt?

Dann lohnt es, dies anzuschauen
und solch innre Aggression
leichten Herzens ziehn zu lassen,
denn die LIEBE wartet schon.

= Dich mit Dank und Lob bedenkst =

Gibt es manchmal einen Menschen,
dem du gerne helfen magst,
und du spürst jedoch, dass hierbei
du in sein Gebiet reinragst?

Warum willst du assistieren,
wo's der Andre gar nicht will?
Vielleicht findest du die Antwort
in dir selber. Warte still.

Hilft's, zu visualisieren,
wie dein Mitmensch sich bedankt,
weil du ihn in bester Absicht
völlig liebevoll umrankt?

Wenn du gar mit seinen Worten
selber dir Erleicht'rung schenkst
und aus seiner Perspektive
dich mit Dank und Lob bedenkst?

= Dieser freudenvolle Zustand =

Manchmal würde ich so gerne
eines Andern Helfer sein,
jedoch fehlt die zweite Seite,
und so stehe ich allein.

Doch wenn dessen Idealbild
ich auf meiner Leinwand seh,
ist's der freudenvolle Zustand,
in welchen zurück ich geh.

= Zuerst in mir selbst =

Seit ich neue Wege gehe
aus der kleinen Box heraus,
sehn mein Umfeld und das Leben
um mich rum ganz anders aus.

Leis vollzieht sich innrer Wandel,
und das Außen reflektiert,
was an Heilung und Genesung
zuerst in mir selbst passiert.

= Wenn du mich betrachtest =

Wenn du dich verschlossen hast
und mich lang gemieden,
merkst du irgendwann: Du hast
keinen rechten Frieden.

Nachts rütteln dich Träume auf
und ein Hautausschlag
bringt, gepaart mit Rückenschmerz,
alles an den Tag.

Wenn du mich, die Angst in dir,
heilst und dich besinnst,
spürst du schnell, wie du den Weg
heim ins Glück beginnst.

= Mitmensch =

Schau, ich bin dein Spiegelbild,
und was ich dich lehre,
räumt dir manches Hindernis
endlich aus der Quere.

Alles, was dich stört an mir,
nimm es an als Gabe,
und ein Andrer schenkt dir dann
das, was ich nicht habe.

= Der traute Erdplanet =

Geliebte Menschenkinder,
nun steht ihr vor der Wahl.
Den meisten wird es leichtfalln,
es ist auch ganz banal.

Für jene, die sich wohlfühln
als Opfer und Soldat,
das Große Universum
noch andre Orte hat.

Für wen jedoch die LIEBE
an erster Stelle steht,
für den bleibt das Zuhause
der traute Erdplanet.

= Geliebte Menschenkinder =

Geliebte Menschenkinder,
Soldaten auf dem Feld,
fragt weise eure Herzen,
was ihr als Nächstes wählt.

Die ERDE ist im Wandel,
und jegliche Gewalt
ist bald keine Option mehr,
geht schlafen und wird kalt.

Sie darf an andren Orten
dann experimentiern,
doch wird sie hier auf Gaia
all ihre Kraft verliern.

Geliebte Menschenkinder,
Soldaten auf dem Feld,
fragt weise eure Herzen,
was ihr als Nächstes wählt.

= Gesegnet seist du, Innenwelt =

Gesegnet seist du, Innenwelt.
Heut schau ich ferne Zeiten,
woher blockierte Energien
mich lange schon begleiten.

Gemütlich ist das Schauen nicht,
doch lächle ich gelinde,
denn heut hab ich das Christuslicht,
mit dem ich mich verbinde.

Der Körper speichert ein das Licht
und lässt die alten Schlacken
voller Geduld und Zuversicht
zu mir ins Blickfeld sacken.

So segne ich all dies in mir,
bin dankbar und ich gebe
das Alte zur Transformation
und freudvoll mich erhebe.

= Wer mit dem Herzen denken will =

Wer mit dem Herzen denken will,
ist voller Glück willkommen
und in der Fünften Dimension
der LIEBE aufgenommen.

Ein Mancher ebnet sich den Weg
und lauscht dem leisen Fühlen,
läuft stetig vorwärts und entsteigt
dem Sog von alten Mühlen.

Wer mit dem Herzen denken will,
ist voller Glück willkommen
und in der Fünften Dimension
der LIEBE aufgenommen.

= Und dadurch geschieht Heilung =

Wenn du etwas spazieren trägst,
und immer wieder denkt es
in dir, dass Andere dich störn,
ist's Blickfeld ein beschränktes.

Der Schmerz kommt immer wieder hoch
durch einen fleißgen Boten,
und jeder Bote lehrt dich: Du
darfst etwas gradeloten.

Da hilft die güt'ge Innenschau
ohn' jegliche Beeilung,
Vergebung, Segnen, Dankbarkeit,
und dadurch geschieht Heilung.

= Frühstücksgedanken =

Wenn morgens schon die Sonne lacht
und leis die Wellen rauschen,
genieß ich meinen Frühkaffee
und tu dem Meere lauschen.

Der Morgen geht, der Mittag naht,
und still weht durch die Blätter
der Palmenbäume kühler Wind
bei leichtem Wolkenwetter.

= Transformation =

Auf so manches Sturmgewitter
mit Gebraus und Emotion
folgen klärende Gedanken,
Heiterkeit und Einsicht schon.

Und weil Wut- und Zornesdenken
ausgediente Muster sind,
werde ich sie transformieren.
Dieses tue ich geschwind.

= Tiefes Glück =

Wenn die Wolken sich verziehen
von dem innern Himmelszeit,
liegt in einem neuen Lichte
meine ganze Außenwelt.

Hab ich erst erkannt, dass alle
Schmerzen überflüssig sind,
hab ich ein Portal durchschritten,
wo ein tiefes Glück beginnt.

= Da werd ich kreativ =

Bleib ich einmal ohne Heizung,
ohne Gas und Internet,
hol ich mir die warmen Socken
aus dem Schrank und bleib im Bett.

Dort wärmt mich die Federdecke,
und mit Schlafen, Lesen, Ruhn
habe ich auch mit mir selber
immer irgendwas zu tun.

= Ist die Innenwelt gesichtet =

Wenn ich mal so phantasiere,
wie das Erdenleben wär
ohne Internet und Fernsehn,
wünsch ich mir davon noch mehr.

Wie wird es den Menschen helfen,
mit sich selbst allein zu sein
und den Stimmen ihrer Herzen
ohne Angst-TV und Schrein.

Mancher hat erfreut berichtet,
wie er zu sich selber fand.
Ist die Innenwelt gesichtet,
steigt die Stimmung schnell im Land.

= Wiesengrün =

Wenn einmal der Server ausfällt,
werd ich gerne kreativ
und lauf hin zur grünen Wiese,
die mich längst zur Ernte rief.

Dort, wo Löwenzahn und Malve
und die Goldne Rute stehn,
bin ich voller Glück zu Hause
und lass es mir wohlergehn.

= Meine Finanzen =

Meine Finanzen fülle ich
erfreut und guter Dinge
ganz mit dem Lichte, das Ich Bin,
und sie in Ordnung bringe.

Dabei streich ich mir aus dem Pelz,
was noch den Fluss behindert,
und fließt dort erst die Energie,
ist mancher Schmerz gelindert.

Meine Finanzen fülle ich
erfreut und guter Dinge
ganz mit dem Lichte, das Ich Bin,
und sie in Ordnung bringe.

= Durchs Innenweltlein =

Wenn du durchs Innenweltlein streifst,
erlaub dir jede Angst,
erst recht, wenn nach Erleichterung
und Fortschritt du verlangst.

Voll Güte schenk dem Furchtgefühl
den Platz, den es begehrt
und sieh, wie solche Freundlichkeit
dir nun das Herz entschwert.

= Das gute Gefühlt zählt =

Wenn ich nach Gelegenheiten
neuerdings so Ausschau halte,
guck ich, dass ich mir die Reise
froh und voller Glück gestalte.

Denn, das konnte ich oft sehen,
warf ich meine Netze aus,
war, wenn einen Fang ich machte,
stets das Glück bei mir zu Haus.

Seitdem schau ich auf das kleine
leise, stille Wohlgefühl,
was der innre Herzenskompass
mir empfiehlt und sagen will.

Dies mach ich mir zur Gewohnheit,
und wenn ich nun Ausschau halte,
guck ich, dass ich mir die Reise
froh und voller Glück gestalte.

= Neuland =

Jetzt, wo die Tage kälter werden
und die Nächte länger,
wird's eher dunkel und dazu
das Auswahlspektrum enger.

Ganz analog begrenzen sich
dazu die Möglichkeiten,
und leichter ist's, bei sich zu sein
und Neuland zu beschreiten.

= Friedvolles =

Wenn's innerlich mal windig wird
und Wolken sich bewegen,
kann dies ein gutes Zeichen sein:
Die Dinge wolln sich regen.

Dann brodelt's wärmer gern und rauscht
im trauten Innenweltlein.
Hier schätzt sich glücklich, wer leis lauscht
und wem Friedvolles fällt ein.

= Die Heilung einer inneren Wunde =

Danke, liebes Musterchen.
Voller Staunen seh ich,
dass mit Wutgefühlen in
die Revolte geh ich.

Dabei merk ich, dass sich, auch
wenn ich Recht bekäme,
jene Emotion in mir
trotzdem so benähme.

Und ich weiß, die Energie
möchte einfach fließen.
Segnend schenk ich Dankbarkeit
und darf still genießen.

= Voll Freude und im Licht =

Mit großer innrer Unruh
bin ich heut früh erwacht,
trotzdem ich fast acht Stunden
mit Schlafen hab verbracht.

Die Lichtphotonen rütteln
an manchem Glaubenssatz
und lösen alte Krusten
von meinem innern Schatz.

So halte ich den Fokus
im Raum der Zuversicht
und bleib mit den Gedanken
voll Freude und im Licht.

= Sicher halt ich meine Pferde =

Mutig geh ich meines Weges
durch die traute Innenwelt,
bleib im Auge jedes Sturmwinds
unter diesem Himmelszelt.

Auch wenn's kräftig an den Ästen
ziehen, zotteln, rütteln will,
halt ich sicher meine Pferde,
schau nach vorn und lächle still.

= Neue Information will in deine Zellen =

Heute scheint mir, wird das Alte
ganz aus mir herausgepresst.
Angst vor Kälte, Tod und Hunger
meine Zellen nun verlässt.

Der Verstand tut panisch rudern
und denkt laut an dies und das.
Trotzdem stehen auf dem Felde
Fenchel, Löwenzahn und Gras.

In mir darf ich Frieden stiften
und die Unruh mir beschau.
Gütig nehm ich sie ins Herze
und dem Lebensfluss vertrau.

= In mir selbst =

Was für ein schönes Potenzial,
denk ich für mich so manches Mal . . .
Was für ein Potenzial wird frei,
sind aller Streit und Krieg vorbei.

Sind aller Streit und Krieg vorbei,
hab ich den Kopf für Bess'res frei,
drum flink und schnell ich mich besinn,
dass ich dies in mir selbst beginn.

= Schöpfer- und Mitschöpfertum =

Froh blick ich in die Zukunft
und neue Welten bau.
Beglückt ich allen Menschen
in die Gesichter schau.

Da seh ich meine Nachbarn
mit warmherzigem Blick.
Ein jeder von uns fördert
des Anderen Geschick.

Die Lenker und Entscheider
tun's nicht für Macht noch Geld.
Es ist das Wohl des Ganzen,
das nunmehr für sie zählt.

Mit Achtsamkeit und Sorgfalt
gehn Wir durch die Natur
und schätzen alles Leben.
Die Luft ist rein und pur.

Froh blick ich in die Zukunft
und neue Welten bau.
Beglückt ich allen Menschen
in die Gesichter schau.

= Und dann schlüpfte das Küken =

Heut zeigen sich die nackte Angst
und nackt auch das Entsetzen.
Recht heftig dröhnt die Emotion,
und die Gedanken hetzen.

Die Angstblockade dringt ans Licht
und an die Oberfläche.
Ich sitz im Auge dieses Sturms.
Zur Stärke wird die Schwäche.

Bald das Gewitter ist vorbei,
die Wolken leergeregnet.
Ein Küken schlüpft aus seinem Ei
und froh dem Tag begegnet.

= Mit Annahme und Dankbarkeit =

Solang man Ängste schüren kann,
zeigt dies so manche Wunde,
die im noch unbewussten Raum
dreht ihre Ehrenrunde.

Da Menschenwesen Schöpfer sind,
allein und kollektiv,
liegt hier die Lösung in uns selbst,
vergraben und oft tief.

Doch wenn man durch die Kohlen geht,
mit einem Feuereisen,
werden die Hitze und die Glut
in unser Blickfeld reisen.

So ist's auch mit geschürter Angst
auf einer Heilungsliste.
Mit Annahme und Dankbarkeit
wird's friedvoll in der Kiste.

= Grumpiness zeigt Wachstum an =

Danke, liebe Innenwelt,
dass ich grad geladen bin.
Grumpiness zeigt Wachstum an.
Wir bekommen das schon hin.

Heute ist ein neuer Tag,
und beglückt ich in mich schau.
Vieles hat sich nun gefügt.
Ich lauf weiter und vertrau.

= Deine Sonne =

Heute lerne ich verstärkt,
dich zu respektieren
und darf dadurch in mir selbst
etwas reparieren.

Denn ich lauf ja selber gern
meinen eignen Schritt
und bin meinem Wohlfühln fern,
zerrt mich jemand mit.

Wenn also deinen Kokon
möchtest öffnen du,
bin ich deine Sonne und
scheine dir dazu.

= Eine neue Sprache =

Freudvoll schnelln die Wellenkämme
an das schöne Uferland
und holn an die Oberfläche,
was sich in der Tiefe fand.

Von dort darf es an die Sonne
und ans schöne Tageslicht,
schrickt, sich wandelt und dann später
eine neue Sprache spricht.

= Die Welt sich eint =

Freudvoll denk ich an den Palmbaum,
an dem schon die Datteln reif,
schnüre meine Schuh' und balde
durch die grüne Landschaft streif.

Wohlgelaunt grüßen die Gräser,
und die Pflanze zu mir spricht,
welches Blatt ich ruhig nehme
und welch andres bitte nicht.

Sonnenstrahlen leuchten golden
auf die Erde, und es scheint,
dass die Räder ineinander-
greifen und die Welt sich eint.

= Bald wieder nett =

Manchmal will der Kragen platzen
von dem ganzen Unverstand,
der sich in der Menschen Köpfe
und bei mir im Speicher fand.

Einiges kann ich gut deckeln,
doch es folgt die Reinigung
der Entladung, wenn dann doch zu
viel in meine Ohren drung.

Hier seh ich den eignen Schmutzberg,
send das Silberviolett,
kontempliere und vergebe
und bin dann bald wieder nett.

= GOTTES Potenzial =

Heute lauf ich in „mein Gärtchen",
hin zum schönen Dattelbaum,
hör die Vögel, seh das Grasgrün
und denk an den Früchtetraum.

Wie wird sich die Welt wohl wandeln,
wenn mit Liebe und Respekt
in sich und im Nächsten jeder
GOTTES Potenzial entdeckt?

= Friede in den Herzen =

Ist das Fensterglas gereinigt
und strömt durch das innre Licht,
zeigt sich deiner Seele Reinheit,
die sich in das Außen bricht.

Dann sind Treffen eine Freude
und die Schmerzkörper ganz klein.
Auf einer viel höh'ren Eb'ne
kann zwischen uns Frieden sein.

= Danke, Saint Germain =

Die Gefühlskonfusion klärend
kreist das Silberviolett,
drehet emotionsentschwerend,
was ich gern gelöset hätt.

Es zerrieseln die Konflikte,
und entladne Energie
wird mit Lila transformiert, bis
wenig später leuchtet sie.

= Spirulina =

Wohlgelaunt geh ich nach Hause
und zu meinem Kühlschrank hin,
wo ich habe das Chlorella
und das Spirulina drin.

Freudig wählt die innre Stimme,
wie viel ich davon jetzt mag.
Ich min'ralisier den Körper
und schreit' weiter durch den Tag.

= Lektionen =

Vergeben ist der kleine Krach
mir selber und den Andern.
Der Himmel strahlt voll Zuversicht
und weiter geht das Wandern.

Lektionen werden integriert,
und fleiß'ge Lichtphotonen
dürfen das reinigende Tun
mit ihrem Dienst belohnen.

= Bestbestellt =

Wenn du langsam dich erlöst hast
von dem Schokoriegelkram,
legen all die Zusatzstoffe
den Geschmackssinn nicht mehr lahm.

Plötzlich liebst du Spirulina
und nicht mehr's Nutellabrot.
Haribo heißt dann Chlorella,
und Gemüse kommt ins Boot.

Du vergisst den Onkologen,
denn du weißt, ein „Krebsbefund"
zeigt den Konflikt, der braucht Heilung
und tut per Ödem sich kund.

All die Dinge hinterfragst du
und vergibst der Matrixwelt,
denn dann ist's ums Glück der Menschheit
und dein eignes bestbestellt.

= Dein inn'res Licht =

Es gibt immer eine Lösung,
auch wenn sie dir nicht gefällt.
Manchmal kann sie dich entwurzeln,
oder du glaubst dich entstellt.

Geh behutsam durch das Feuer,
das die Schlacken von dir brennt
und schenk allem deinen Fokus,
was dein inn'res Licht dir nennt.

= Gelbes Blümlein =

Wie ich vor meine Türe tret,
ein gelbes Blümlein seh ich.
Am Palmbaumfuß wiegt's sich im Wind,
als zum Spaziergang geh ich.

Vergnügt zück Stift ich, und Papier,
und flugs dies Reimbild mache.
Das Blühgewächs den Wind genießt.
Dies ist nun seine Sache.

= So eins hätt ich auch gern =

Am Nachbartische seh ich
das feine Käsebrot
mit leckerstem Manchego
auf dem Tomatenrot.

Fern geht ein erstes Schifflein
auf Neptuns Mittelmeer.
Bald mach ich mich begierig
über mein Brotlein her.

= Zu Text und Reim =

Vorbei ist all die Rennerei.
Die Rennerei vorbei ist.
Ich zück den Stift und das Papier.
Die Uhr so nach halb zwei misst.

Die Palmbaumwedel gehn im Wind
und der Poet berichtet,
was drauf im Kurzgedichte sich
zu Reim und Text verdichtet.

= Schreibstift =

Es steht der andre Löwenzahn
oder das Kraut vom Knopfe
mit Frohgeblüh am Bäumlein dran
und grüßt mit gelbem Schopfe.

Das Palmgrün reckt sich in die Höh
und hold im Winde wehet,
wozu der Stift auf dem Papier
vergnügt sein Rundlein drehet.

= Befreiung =

Es atmet auf der Frohpoet
und an das Strandlein gehet.
Von oben grüßt der Frühlingswind
und ihm ums Näslein wehet.

Vom Wasser will nun das Pipi
raus und Erleicht'rung bringen.
Dann werd ich mal die Strophe drei
mit Stille euch besingen.

= Windhund =

Heut hat es Wind.
Dazu: ein Hund.
Der Wind, ein H,
und dann das Und.

= Damit es ausvibriere =

Erneut ist da solch ein Gefühl,
das ich bislang nicht mochte,
weshalb beständig es bei mir
an meine Türe pochte.

Heut zieh ich nicht den Schwanz mehr ein,
sondern mich präsentiere
ihm froh im Herzenskämmerlein,
damit es ausvibriere.

= Telepathie =

Was wär, wenn wir Menschen alle
zueinander ehrlich wärn,
alle liebevoller Herzen
ohne innres Aufbegehrn?

Wenn wir in uns selbst erkennten,
was uns an dem Nächsten stört
und ein jedes Erdenkindlein
auf den Ruf der LIEBE hört'?

Würden wir dann gerne teilen
mit dem nächsten Gotteskind,
welches selber Teil des Ganzen,
was unsre Gedanken sind?

= Reichtum =

Kannst du dir ein Leben denken,
wo der Kosmos dich beschenkt
und deiner Frequenz entsprechend
seine Schätze zu dir lenkt?

Weißt du um den Gottesfunken,
der in dir sein Licht entfacht,
wenn du ihm in deinem Herzen
deine LIEBE zugedacht?

Vielleicht wird ein Taglein kommen,
da du aus der Lichtsubstanz
in die Physis wirst verdichten
und zurück, in Eleganz.

= Evolution =

An der Schwelle neuer Zeiten
könnte heut die Menschheit stehn
und ist vielleicht auf dem Weg zu
planetarem Wohlergehn.

Dabei macht die Menschfamilie
einen großen Wachstumsschritt
und ein jeder geht das Weglein
so, wie er das möchte, mit.

= Befreiung der Menschheit =

Kennst du das, dass du dein Kindlein
von etwas befreien magst
und zu deines Sprosses Bestem
radikale Schritte wagst?

Vielleicht gibt es Parasiten,
die er selbst nicht lösen kann
und aus elterlicher Güte,
legst du selber Hände an?

Damit kappst du die Verbindung,
die dein Kind im Nebel hält,
und nun sieh dazu die ERDE
mit der ganzen Menschheitswelt.

= Geduld =

Wie ich still nach innen lausche,
was die Inn're Stimme spricht,
kommen Lehre und Erkenntnis
und Inspiration in Sicht.

Was zur ersten Tageshälfte
leis noch im Verborg'nen lag,
kommt bei Ruhe und Betrachtung
ganz von selber an den Tag.

= i-Phone =

Als ich noch ein junger Bub war,
hatte ich ein Telespiel:
kleines Ding mit Batterie drin,
und ich spielte lang und viel.

Häufig habe ich geerntet
Rüge, Tadel oder Spott
und kam ein paar Jahre später
aus dem digitalen Trott.

Heute seh ich viele Menschen
mit der Display-Addiktion
und weiß froh: an deren Ende
wartet die Befreiung schon.

Vielleicht wandern wir durch Täler,
jedes Menschenkind durch seins,
und am Schluss von der Erfahrung
ist die Menschheit wieder Eins.

= Menschenpotenzial =

Oft blick ich in die Gesichter
andrer Menschen, und ich seh
Spuren, Furchen und Konturen,
die ich heute erst versteh.

So weiß ich in jedem Nächsten
GOTTES Menschenpotenzial.
Langsam reift es und darf leuchten,
dieses oder nächstes Mal.

= Mein Kind =

Manchmal gibt es was zu lachen,
wenn ein Mitmensch zu mir spricht
und wir heiter konversieren:
Hast du Kinder, oder nicht?

Hier bin ich geneigt zu sagen,
dass ich wohl ein Kindlein hab,
das der Freude viel bereitet
und mich gleichsam hält auf Trab.

Dann beginne ich zu grinsen
und sag zu dem Andern hin,
dass ein Kindlein völlig ausreicht
und ich selbst mein Nachwuchs bin.

BONUSTEIL

= Der Planet REED =

Die Besatzung des kleinen Entwicklungs-helferraumschiffes lächelte zufrieden. Soeben hatte sich der 20. Staat des Planeten REED eine ehrliche Staatenlenkerschaft gewählt. „Wunderbar", raunten die drei Raumfahrer.

In zahlreichen weiteren Regionen des Violetten Planeten war der Wandel ganz anders gekommen. Dort war die innere Entwicklung der Bevölkerung so rapide vorangeschritten, dass sich mehr als 85 Prozent der Bewohner der Energie der LIEBE und WEISHEIT geöffnet hatten.

Unklar war bis zum jetzigen Moment, welchen Weg des Wechsels die Bürger der noch verbleibenden 14 Königreiche auf der Violetten REED nehmen würden.

Die kleine Tripulation des Lichtschiffes begann plötzlich sogar zu grinsen und ergötzte sich zur Belohnung für die geleistete Arbeit an der leckeren Tubennahrung, welche ihr die Kosmonauten der REED-Stationen Nurkobai und Land Kennerfell als Dankeschön überlassen hatten. Es waren dies die letzten drei Tuben, deren Inhalt so überaus köstlich schmeckte.

Nach diesem Frühstück würden sie wieder auf die gewohnte Lichtnahrung umsteigen, welche ihre vollentwickelten Lichtkörper längst aufnehmen konnten.

Diesen natürlichen Umwandlungsprozess durchschritten nun auch die REED-Menschen, und bald wollten die drei einen ersten Reedling als neues Besatzungsmitglied auf ihrem Transformationshelferraumschiff willkommen heißen.

Der Violette Planet REED war schließlich einer von vielen weiteren Planeten, auf denen nach GÖTTLICHEM PLAN jetzt das kosmische Zeitalter des FRIEDENS anbrach.

= Günter rennt =

Zweimal hatte Günters Frau den Versuch unternommen, aus dem Diesseits zu treten. Jedes Mal war der Ehemann jedoch rechtzeitig am Ort des Geschehens. Mit geschicktem Sanitäter-Griff hatte er so das Erbrechen bei seiner Angetrauten herbeigeführt und sie damit von der Überdosis befreit.

Günter war damals noch ein recht bodenständiger Typ, der abends den Fernseher einschaltete und seine Likörchen trank. Unter seinen Bekannten hatte er aber auch einen jahrelangen Freund. Dieser war irgendwie anders und kam ihm oft wie ein Buch mit sieben Siegeln vor. Dieser Kumpel hatte eher seltsame Ideen und anscheinend Zugang zu einer Art „Wolke" – kurz: ein Sonderling.

Dieser Sonderling war aber total glücklich und scheinbar im Reinen mit sich und der Welt. Der folgte seinem „inneren Stern", auch wenn dies offenbar den Verzicht auf Frauen, Autos und manche soziale Beziehungen bedeutete.

Nach den beiden Versuchen seiner Frau befand sich Günter nun an einer wichtigen Wegkreuzung in seinem Leben. Als Ehemann standen ihm drei Wege offen. Nummer 1: Seine Frau blieb ab jetzt

Dauerkundin bei der Apotheke und wurde lebenslänglich unter Drogen gesetzt, oder . . .

Im zweiten Möglichkeitsszenario musste Günter kräftig über seinen eigenen Schatten springen. Gar nicht leicht für einen Mainstream-Mann wie ihn. In diesem zweiten Szenario konnte er einer Empfehlung seines wundersamen Freundes folgen, welcher sich selbst vor Jahren erfolgreich von einer Dauermedikation gelöst hatte.

Damals hatte der Freund eine slawische Geistheilerin kontaktiert und sich für einen dreistelligen Geldbetrag „fernbehandeln" lassen. So suspekt Günter das alles auch fand, konnte die scheinbar medial veranlagte Slawin sogenannte „Besetzungen" lösen. Überdies schien es zahlreiche Menschen zu geben, welche nach einer solchen energetischen Reinigung wieder ein ganz „normales" Leben führen konnten.

In diesem Möglichkeitsszenario lag nun auch das dritte versteckt, denn: Was war, wenn Günters Gemahlin nun wirklich dank der Lösung einer energetischen Besetzung von ihren schweren Depressionen loskam?

In Szenario 2 hätte Günter, sofern es nicht funktionierte, einfach eine höhere Geldsumme in den Sand gesetzt und wusste dann aus eigener Erfahrung, was seiner Gattin NICHT half. In Szenario 3 aber klappte die Fern-Heilbehandlung, und seine Ehepartnerin wurde dauerhaft gesund.

Das Leben wählte Option 3. Seine Frau und er selbst umgingen jahrelange Mühsal und seelisches Leid und halfen mit Mut und Tatkraft somit auch der verirrten Seele, welche bei Erika, Günters Partnerin, angedockt hatte und dieser ab jenem Moment die Energie stahl.

Anscheinend gab es zwischen Diesseits und Jenseits noch eine Art Zwischenwelt. Dort brauchten solche Seelen eine Lebens-energiequelle, einen Wirt, sofern sie sich länger dort aufhielten, weil sie wegen irdischer Anhaftungen noch nicht vollständig bereit waren, das Diesseits zu verlassen.

Günter fand all das immer noch erstaunlich und manchmal sehr merkwürdig, aber seine Zweifel interessierten ihn ab jetzt zunehmend weniger. Erika und er dankten der Heilerin, verschenkten drei Bücher zur Thematik an Freunde und begannen, Urlaubspläne zu schmieden.

Ein halbes Jahr nach dem Heilungserfolg wollten sie im kommenden Frühling zusammen an der

Adria Urlaub machen. Oder an der polnischen Ostseeküste. Günters Sohn mit Freundin würde die glücklichen Eltern begleiten.

„Ja…", seufzte Günter. „Bloß gut, dass ich Monate zuvor einsichtig und blickig genug war, auf meine innere Stimme und damit auf mein eigenes Herz zu hören." Auch wenn dies für ihn bedeutete, dass er seinen Freund, den Sonderling, nun viel besser verstand und dieser ab jetzt für ihn nur noch ein Buch mit sechs Siegeln war.

ENDE.

Der Autor über sein Schaffen
und sich selbst

Matthias der Frohpoet ist 1978 geboren, gibt hauptberuflich Deutschunterricht und lebt ohne TV und ohne Alkohol in seiner Wahlheimat Spanien. Seine Gedichte und kurzen Geschichten entstehen zumeist spontan in Alltagsmomenten innerer Einkehr und Stille. Dann öffnet sich der Zugang zur Quelle der Inspiration, und die Worte beginnen zu fließen.

Bevorzugte Themen des Frohpoeten sind Selbsterkenntnis mit der damit verbundenen Bewusstseinserweiterung und das Schauen über den gesellschaftlichen Tellerrand. Die meisten der empfangenen Gedichte sind auf Deutsch, weitere entstehen auf Englisch und Spanisch.

Im Fokus des Autors ist immer wieder der eigene Herzensfrieden, welcher beim Individuum selbst beginnt, um sich dann in der Welt fortzupflanzen. Bei diesem inneren Prozess des Wachstums geschieht es oft, dass sich antrainierte Glaubensmuster und Konditionierungen als nicht mehr dienlich erweisen. Dies ist immer dann der Fall, wenn sie nicht in eine Welt passen, in welcher die seelische Weiterentwicklung des Menschen hin zu einem wertschätzenden, liebevollen und alles Leben fördernden Miteinander im Vordergrund steht.

Dabei geht der Frohpoet selbst durch innere Krisen und leistet begeistert die damit verbundene Selbsterkenntnis- und innere Heilungsarbeit. Denn möglicherweise ist das in uns Menschen angelegte Potenzial viel größer, als es derzeit für gewöhnlich in der Alltagswelt vermittelt wird.

Eventuell wird bald offenbar werden, wie sich die Menschheit jetzt schrittweise, von der Geistigen Welt liebevoll unterstützt und geführt, hin zu einer höheren Reife und damit zur Entfaltung eines in ihr angelegten Potenzials entwickelt, welches in Johannes 14:12 beschrieben ist.

Matthias der Frohpoet
August 2023, Provinz Alicante, Spanien

1 **Als Mensch bin selbst ich Schöpfer** ·
Poesie aus Natur, Alltag und Spiritualität;
Frohpoet

2 **Sondern sammelt euch Schätze im Innen** ·
Poesie über Sonne, Regen und den Sinn
des Lebens; *Frohpoet, Sichert & Bock*

3 **Poesie von den Freunden der Mandel-
bäumchen** · Lyrik, Poesía, Poetry;
Frohpoet & Goldberg

4 **Frohsinn fürs schöpferische
Unterbewusstsein**; *Frohpoet*

5 **Sunshine Poetry and Personal Growth**;
Happy Poet

6 **Water for the Baikal Lake** · Spiritual
Poetry; *Happy Poet*

7 **La Despertà** · Poesía Espiritual; *Poeta
Alegre*

8 **Selbsterkenntnisfleiß** · Gedichte aus der
Schattenwelt; *Köhler & Frohpoet*

9 **Tough Love**; *Frohpoet*

Notizen